Las altas horas • The Late Hours

I0750165

Las altas horas / The Late Hours

Primera edición 2022
First edition 2022

© Teresa Melo
© Margaret Randall for the translation/por la traducción
© Diseño de portada: Elisa Orozco

Cover picture/fotografía de portada:
by Beth Wilson

© Published by katakana editores 2022
All rights reserved

Editor: Omar Villasana
Design: Elisa Orozco

Excepto en caso de reseña, ninguna parte de esta publicación, incluido el diseño de la cubierta puede ser reproducida, almacenada o transmitida en manera alguna ni por ningún medio, sin permiso previo de los autores o la editorial.

No part of this book may be used or reproduced without express permission from copyright holders, except in the context of reviews.

ISBN: 978-1-7365650-7-0

katakana editores corp.
Weston FL, 33331
✉ katakanaeditores@gmail.com

Teresa Melo

TRANSLATED BY Margaret Randall

Las ALTAS horas
The LATE Hours

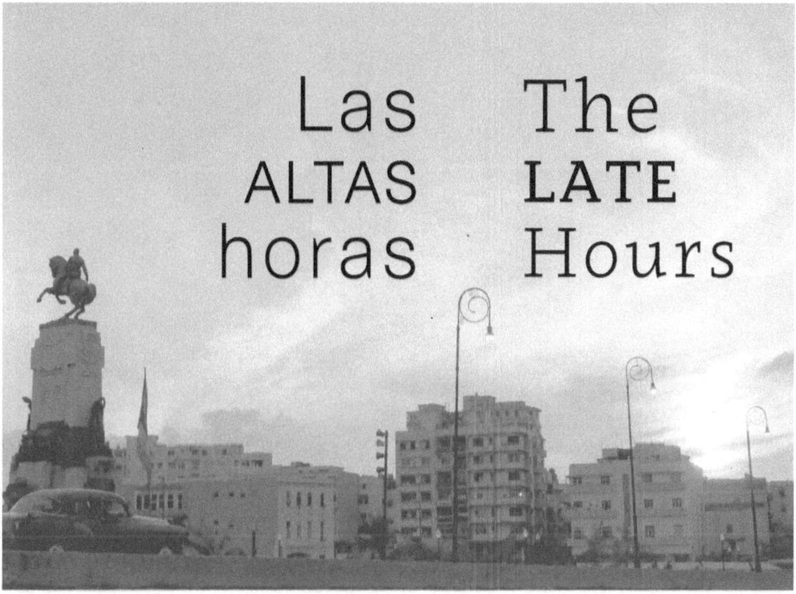

poetry crossover

Teresa Melo

TRANSLATED BY Margaret Randall

Las ALTAS horas

The LATE Hours

poetry crossover

katakana editores

INDICE / TABLE OF CONTENTS

Una forma de decir

Este libro fluye como en largas noches fluía el tiempo de alimentar a mi hija. Mecida por ese ritmo corporal, fijados los límites por ese ritmo, las palabras se incorporaban silentes al acto mismo, como una ensoñación, como ideas líquidas.

En *las altas horas* volvió mi padre a decir: tú siempre me has cuidado, mientras algo rojo brillaba en su labio; en las altas horas regresé al olor del jazmín de mi casa/familia; la mujer/Christiane pulsa *enter* y envía mensajes para una mano que atraviese la pantalla; otra mujer, llamada Albis, se aleja San Lázaro arriba o abajo y con ella se aleja «el arte de la conversación»; el pez peleador equivoca su enemigo y pierde la posibilidad de ganarse a sí mismo; animales nocturnos parten en barcos de papel (regresa Noel Jardines); un hombre que fue, golpea, se arrodilla, pide perdón por su miseria; el sordomudo atraviesa la cortina de cuentas y su sonido vuelve solo para mí; se amarran los solitarios con cadenas invisibles, donde dios es amor y donde hay perros: mi insularidad *démodé* a todos los contiene. Las historias son contadas por los ahogados de las islas. Las historias parecen sucederse con retraso. Es también efecto de las altas horas: es posible que, una vez escritas, estas recobren su vivacidad.

Retorno y recuento. *Nadie vuelve, incluso a los lugares donde se fue feliz.* Quien escribe ha regresado. Cuenta. *Levísima es la suerte a la que doy memoria.* Levísima la suerte que es Daniela. Para ella esta memoria que entrecruza suce-

In a Manner of Speaking

This book flows like nursing my daughter flowed through the late hours. Rocked by those body rythms, all limits shaped by them, words silently became one with the act itself, like a dream state, like ideas turned liquid.

Through the late hours my father repeated: you have always cared for me, while something red glistened on his lip; late at night I returned to my home's jasmine scent/the family; the woman/Christiane clicks *enter* and sends messages to a hand that comes through the screen; another woman, named Albis, departs up or down San Lázaro and takes "the art of conversation" with her; the fighting fish mistakes its enemy and loses the chance to win against itself; night animals sail off in paper boats (Noel Jardines returns); a man who was, strikes, kneels, asks to be forgiven for his misery; the deaf mute passes through the bead curtain and the sound he makes returns for me alone; the lonely ones are bound by invisible chains, where god is love and there are dogs: they hold all my *démodé* insularity. History is told by the island's drowned. History seems to retreat. This too is because of the lateness of the hour: it may be that once it has been written it will recover its focus.

I return and tell my story again. *No one returns, even to those places where they were happy.* The one who writes has returned. She speaks. *The moments to which I give memory*

sos, como entrecruza personas y senderos.

Transitados por mí, o por los otros, cobran su sentido último en esa hora en que es pensado: descifrado ya en el libro virtual, intentó quien escribe descifrarlo en esta otra realidad.

La duración de las altas horas es ese tiempo en el mundo invertido: el tiempo en que acaso sucedemos y somos.

are infinitely light. Daniela is light. This remembering is for her, it intertwines events as it intertwines people and paths.

Trod upon by me, or by the others, they retrieve their ultimate meaning at this imaginary moment: deciphered now in the virtual book, and she who writes attempts to decipher it in that other reality.

The late hours is time in an inverted world: a time, perhaps, in which we happen and are.

A Daniela
Christiane Begnéux
Albis Torres

A mi familia, siempre

Todos estos relatos deshechos y trenzados [...]
Todos estos relatos venidos de noche
con los ojos de la cigüeña.

François Cariés

To Daniela
Christiane Begnéux
Albis Torres

To my family, always

All these stories, broken and intertwined [...]
All these stories of the night
with their stork eyes.

François Cariés

Las altas horas

El día de mi padre me decía al oído:
be careful, it's my heart.
Louis Armstrong dictaba en el oído
lo que nunca cantó.
Otro hombre perfecto fue su dueño.
Cantores, militares, ya no viven aquí.
Vive Daniela/
el eterno retorno de la canción que pide
cuida mi corazón de alturas y cemento.
Y por la suerte cuido.
Levísima es la suerte a la que doy memoria.

Hija mía. Sé libre
ama con esperanza/ con ingenuidad.

Una taza de té empecé a tomar hace años
y hace más tiempo removía la carne temblorosa
que tomaría el té.   Desde ese temblor
escribí, escribí:
ahora cuento las palabras
que quedan sin contaminar.
Dentro de mí   el piso 23   la escuela
el corazón que cae.
Tú eres ese cuerpo sin fragmentar   intacto.

The Late Hours

On my father's day he whispered in my ear:
be careful, it's my heart.
Louis Armstrong spoke to his ear
of what he never sang.
Another perfect man was his master.
Singers, soldiers, no longer live here.
Daniela lives/
eternal return of the song that asks
save my heart from heights and cement.
And with luck I save you.
Light is the event to which I bequeath memory.

My daughter. Be free
love with hope/ with innocence.

Years ago I began sipping a cup of tea
and even before that I troubled the trembling flesh
that would drink the tea. From my trembling
I wrote, I wrote:
now I count the remaining
words and refuse to pollute.
Within me   twenty-third floor   school
the heart that falls.
You are that body intact   whole.

Hija mía soy libre
te amo con esperanza/ con ingenuidad.

Quédate cerca de la puesta del sol:
quien la fragmenta y disecciona
no puede hacer que el sol se ponga para ti.
Quien diseca la palabra
no puede hacerte vibrar con palabra alguna.
Eso te doy las puestas de sol que fueron
las sobre mí
las que te inquietarán y aquietarán
y esta palabra sin contaminar
para que la bebas con fruición
como la leche de las altas horas
la acunes, aprendas y mastiques
y te haga luz en *la hora violeta*
cuando el sol se ponga sobre mí.

My daughter   I am free
I love you hopefully, innocently.

Stay close to the sunset:
the one who breaks and dissects it
cannot make the sun set for you.
He who dissects the word
cannot make you vibrate with any word.
I give you this   past sunsets
those that fell on me
those that will trouble and calm you
and this uncontaminated word
so you may drink it with delight
like that late night milk
rock it, take it in and chew it
let it make you light   at *the violet hour*
when the sun sets on me.

Barquitos de papel

Yo no quería ser reina
yo no quería la sensación de hartura.
En el ojo que mira la mascarada
yo me quise quedar detrás de la retina.
No quería mirar escenarios de atrezzo
no quería mirar los lugares comunes.

Barquitos de papel puestos en fila
me conjugan el verbo
voy/me   vas/te   van/se.
Yo no quería ver cómo se iban
cada quien a su modo y a su aire.

Partía Albis Torres San Lázaro arriba
en un barquito frágil vestido de domingo:
arrastraba mi caja terrenal
ya no hay conversaciones/
ya no hay carteles donde Lauren Bacall
entorna los ojos en el humo/
no hay agua lamiendo los contornos
del mapa personal.

Con música marcial se despedía el abrazo/persona.
No escribo. No describo.

Little Paper Boats

I didn't want to be queen
didn't want that sense of overabundance.
In the eye that watched the masquerade
I wanted to remain behind the retina.
I did not want to look at stage sets
or see clichés.

Little paper boats lined up
conjugate the verb
I go/I   you go/you   they go/them.
I didn't want to see how they sailed off
each in its own way and as it wished.

Albis Torres went up San Lázaro
in a fragile little boat in her Sunday best:
she dragged my earthly box
no more conversations/
no more posters in which Lauren Bacall
showed her smoky bedroom eyes/
no water laps the corners
of my personal map.

Marching music bade farewell to the embrace/person.
I do not write. I do not describe.

El amor rellena estas palabras con una tinta espesa.

Se iban en barco casi desvanecido
los que me dejaron la mano del adiós a medio levantar
no quería ver cómo partían una vez otra vez
ángel salvador karim ignacio.
También me llamaron libertad
y eran belkis raquel con rostro ciego
enseñando su modo:
cristal de agua/pedrada líquida
y sonreír.

Seguramente encontraron *días espléndidos para morir*
acaso un día de no querer ser reina
de no estar sobre el mapa como un buda feliz.

Barquitos de papel puestos en fila.
También tendremos hambre de querer.

Yo no quería ser reina.
Ahora soy esta pieza   cualquiera
diciendo adiós ante mi mar vacío.

Love fills these words with a dense ink.

They left in a bleached out boat
those who left me with my waving hand half raised
I didn't want to see them leave again and again
ángel salvador karim ignacio.
They too called me freedom
and they were belkis raquel with her blind face
showing how it was done:
water cristal/liquid stone
and smile.

Surely they've found *splendid days on which to die*
perhaps a day when they didn't want to be a queen
didn't want to sit on the map like a happy buddha.

Little paper boats all lined up.
We will also hunger to be loved.

I didn't want to be queen.
Now I am that speck   whatever
saying goodbye before my empty sea.

Pez peleador / virtual pez

para Axel

Nevada la pared que oculta el pez
detiene el roce con que podría ser reconocido.
Deseaba un pez acariciable.
Si algo tornó leve un instante el rictus de la boca
fue ese lugar impreciso que emerge veloz
desde las aguas
y veloz escurre y se evapora.
Difuminado pez en el cristal nevado.
Si algo pudo quedar puesto de pie sobre la tierra
fruto iba a ser de la ascensión nocturna:
tiempo de respirar y dar la cara oculta
como un aletazo cortando la superficie líquida
tiempo de asomar los ojos transparentes
        / y de reconocer.

Para el oído del pez hubo palabras de aceite
por las que resbalaba inofensivo el mundo
hubo el reflejo de la casa posible/ días de tregua.

Del pez acariciable   el rictus
el aletazo breve.
Ya no puedo confiarlo de la mano a la orilla
aunque tuvo el vientre/ tierras feraces/ lo que fue.
Allí quiso ver la casa del espejo   enemigo virtual

Fighting Fish/ Virtual Fish

for Axel

Snow-covered wall hiding the fish
puts an end to recognizable touch.
I wanted a fish I could caress.
If anything became an instantaneous grimace
it was that vague spot that rushes
from the waters
squirms in a flash and evaporates.
Blurry fish in the snow-covered glass.
If anything on earth could remain standing
it would be that fruit of nocturnal ascension:
time to breathe and turn the hidden face
like a fin cutting through liquid surface
time to show the transparent eyes
          / and concede.

For the fish's ears there were words of oil
the world slid down them inoffensively
reflection of the possible house/ ceasefire days.

Of the embraceable fish   rictus
fin's brief flutter.
No longer can I take the shore's hand
although it had its belly/ fertile lands/ whatever.
It wanted to see the mirror's house there   virtual enemy

pelea contra nadie.
No puedo ya contra el hermoso pez
detenerlo   aceitar palabras nuevas
que reinventen la casa y transparenten
la pared nevada.

Si algo iba a quedar de pie sobre la tierra
fruto del vientre sería   y no del juego
de la casa de espejos.
Acariciable pez que desconoce la sangre semejante
la vena cristalina que le anuncia
que no hay enemigos ni guerra ni perdedor alguno.

fighting no one.
I am vanquished now against the beautiful fish
I cannot detain it   oil new words
that reinvent the house and turn
the snow-covered wall transparent.

If anything on earth could remain standing
it would be the fruit of that womb   and not the game
the house of mirrors.
Embraceable fish that does not know its neighbor's blood
the crystalline vein that tells it
there are no enemies or war or any loser at all.

Luz ciega

para Belkys Ayón

La punta aguzada dando contra la superficie/
el grafito.   El vuelo de la mano forma los rostros
    ciegos
para reconocernos.   Otros ruidos./
La vi entonces asomarse a ellos
como veré mañana   en los ojos de Ilsia   las torres
    del tarot
convertidas en polvo. Otros ruidos/
pueblan con insistencia nuestro mundo mudo:
la punta aguzada del disparo penetra el rostro ciego.
Ni lienzo ni piel resistirá.

Vi cosas que olvidé porque estaban ahí
y eran recias o débiles según como se mire/
otros ruidos:
la punta del labio sonriente dando contra el ladrillo
contra una cúpula cercana
contra los muros del Country Club.
Y el rostro ciego se hacía permanente.

No sé lo que recuerdo   como no sé dónde está
lo que no permanece. Solo los otros ruidos:
lo que fue la punta aguzada
dando contra los rasgos de cartulina/

Blind Light

for Belkys Ayón

Sharp point piercing the surface/
graphite.   The hand's flight draws blind
        faces
so we recognize one another.   Other noises./
Then I saw her approach them
like tomorrow I will see   in Ilsia's eyes
the Tarot's towers
        gone to dust. Other noises/
roam our silent world insistently:
the bullet's sharp retort enters the blind face.
Neither canvass nor skin will resist.

I saw things I'd forgotten because they were there
were strong or weak according to how one looked/
other noises:
arc of a smiling lip beating against the brick
against a nearby dome
against the Country Club's walls.
And the blind face turned indelible.

I do not know what I remember   like I don't know where
that which remains is. Only other noises:
what the sharp point was
struggling against those cardboard features/

punta del labio que da contra los muros
y es estriada punta contra piel.

Otros ruidos/ no supe guardarlos para mí.
Otra luz ciega
donde asomar nuestra impotencia.

the lip's arc fighting walls
and this point striating skin.

Other noises/ I did not know how to keep them for my-
self.
Another blind light
from where our impotence can stare.

Donde Serrano cree que puedo detener el salto

para Edurman Mariño

Él cree, yo lo dejo creer.
También me gustaría atrapar
la palabra capaz de detener el salto.
Él cree que podría. Nadie puede.
Tengo esta manía de repetir los mismos argumentos
pero de esos pocos, ninguno sirvió
para detener saltos que ni siquiera presencié.
Escribo cosas que describen a los suicidas
colgados de mi cuello como adornos navideños:
siempre retornan en sus fechas
siempre se piensan en otras parecidas.
Tuve a Karim   tendido en una acera fija
y ha transcurrido todo, menos lo que era él
tendido allí: repaso esa película
en que él grita un estúpido nombre de mujer
y salta con el grito todavía sonante.
No regresé al piso 23 de F y 3ra
no alcé los ojos hacia él:
nada gané con esas omisiones: en mí
hay un piso elevado desde el que sigue lanzándose.
Tuve a Ignacio, muerto tiempo después de estar ya
            muerto
abrazada de Ariel en las escaleras
que bajan al San Juan

Where Serrano thinks He Can Detain the Leap

for Edurman Mariño

He believes, I let him believe.
I too would like to trap the word
capable of detaining the leap.
He thinks he could. No one can.
I have this obsession for repeating the same arguments
but few, really none, were enough
to detain those leaps I could not see.
I write describing the suicides
dangling from my neck like Christmas decorations:
they invariably return on their dates
reminding us of others like themselves.
I had Karim hanging from fixed pavement
and everything happened, except what he was
hanging there: I rewind that film
where he screams a woman's stupid name
and jumps with the scream still smiling.
I never went back to the twenty-third floor at F and Third
I didn't look up at him:
I gained nothing with those omissions: within me
lives a high floor from which he continues to jump.
I had Ignacio, dead sometime later from being
already dead
clinging to Ariel on the stairs
that descend to the San Juan

donde es probable que Ignacio
no estuviera nunca.
No volví a ver el río desde esa perspectiva.
De nada me sirve si él muere
desde el balcón que eligió   y muere en mi escalera.

Cuento lo mismo. Él cree. Yo lo dejo creer.
Los muertos míos que no me pertenecen
tienen otros nombres en la muerte de otros.
Ninguna palabra les evitó saltar. Saltó Belkys Ayón
al encuentro de la avispa de metal /
saltó Raquel, abandonando el tabaco
en un parque de New York / saltó
a las aguas contaminadas Ángel Escobar /
escribo estos nombres que mastico con dificultad,
envueltos en arena. No sé los otros.
No sé el del que acaso lee esto
con la sonrisa desviada del que cree saber.

A ti que piensas que podrías saltar
¿qué puedo decirte si solo puedo contarte
fracasos como estos? ¿Un discurso asumiendo
que la vida es bella? *La vida es bella*, querido mío,
y es terrible saberlo, y no saber otras muchas
cosas de la vida que borrarían saber cuánta
belleza echamos a perder o tiramos a medio
usar al basurero. La vida es bella,

where I don't think Ignacio
ever was.
I never again saw the river from that angle.
It's nothing to me if he dies
from his choice of balconies   dies on my stairs.

I tell the same story. He believes it. I let him believe.
My dead who do not belong to me
have other names in the deaths of others.
No word keeps them from jumping. Belkys Ayón jumped
when she met the metal wasp /
Raquel jumped, abandoning her cigarette
in a New York park / into
polluted waters Angel Escobar jumped /
I write these names that are hard for me to chew,
shrouded in sand. I do not know the others.
I do not know the name of the one who may be reading this
with the crooked smile of someone who thinks he knows.

What can I say to you who think you may jump
if I can only describe such failures? A speech
that assumes life is beautiful? *Life is beautiful*, dear one,
and it is terrible knowing that, and not knowing
so many other things about life that might erase
the beauty we waste or toss in the trash
half used. Life is beautiful,
unless the man for whom you wait

más que el hombre que esperas te ordene
si debes pensar que la vida es bella.
Un hombre no es suficiente para ello,
no es culpable ni inocente de belleza.
La vida es bella, y tú duermes sobre la funda
de almohada con remiendos y lo último
que creíste ver antes de dormir
fue el cable eléctrico de la única luz de esta
habitación. La vida es bella, tarareable y silbable,
lo crees cuando apagas esa luz e imaginas
una vida más bella que la que crees es
la de esta habitación.
Pero yo no soy el durmiente.
Yo solo atestiguo lo adormecido.
Yo solo veo la vida bella, *dejando las vegas*.
Yo solo quiero encontrar la frase que lo señale
de una forma que acaso te convenza,
que detenga el salto, el impulso del salto,
la memoria del salto, la frase que obligue a no saltar.

La sé instintivamente. No sirve para ti.
La tuya   la sabes o la ignoras instintivamente.
La vida es bella, querido mío
es siempre mejor que el salto a solas
cuando en el último instante
querría asir tu mano

orders you to believe life is beautiful.
One man is not enough,
neither guilty nor innocent of beauty.
Life is beautiful, and you sleep on the mended
pillowcase and the last thing you thought you saw
before falling asleep
was the electrical wire of the single light bulb
in this room. Life is beautiful, you can hum and whistle it,
you believe it when you turn off that light and imagine
a life more beautiful than the one you believe
lives in that room.
But I am not the sleeping one.
I only watch the sleeping one.
I see only the beautiful life, *leaving las vegas.*
I want only to find the phrase that may
convince you,
detain the leap, the urge to leap,
the leap's memory, the frase that keeps you from leaping.

I know instinctively. It doesn't work for you.
Yours   you know or ignore it instinctively.
Life is beautiful, dear one,
always better than the lonely leap
when at the last moment
your hand wanted to grab on

detener el grito
hacer retroceder lo que no me sostendría
y es muy tarde.

por Holguín, mayo, 2001

detain the scream
reverse that which couldn't sustain me
and it's too late.

in Holguín, May 2001

Palabra / *someone to watch over me*

La música me palabra / la palabra me ordena.
La voz que dice idea junta granos de polvo
de la corteza del árbol que persigo.
Árbol de frutos permitidos
y de jugosos frutos que conoce
quien muerde mi corazón y sus imanes.

Lo que palabra derriba tan eficaz como esos frutos.
Lo que palabra pone la semilla en tierra.
De ella y tierra me levantaré.

William/Guillermo   que alguien cuide de mí
cuando soy derribada
y espero la germinación.
Delante de los ojos el agua. Agua.
¿De qué ojos saldría la primera agua?

Por el camino del caracol entra el murmullo.
Nacido zapador   se alimenta del agua de los ojos.
Que alguien cuide de mí.
Quien me palabra.
Toca la música del tango gris/ de los boleros.
Yo me puse allí y puse el zapador.
Que alguien cuide de mí cuando descubra
que hay que olvidar la brazada que corta

Word / *someone to watch over me*

Music words me / the word commands.
The voice that says idea gathers grains of dust
from the bark of the tree I search for.
Tree of permitted fruits
of juicy fruits that know
who bites my heart and their magnets.

Word those fruits demolish so efficiently.
Word that plants the seed in earth.
From word and earth I will rise.

William/Guillermo   who cares for me
when I am wrecked
and await germination.
Water before my eyes. Water.
From which eyes will the first water spill?

A murmur runs along the snail's path.
Born a parasite   it feeds on the eyes' water.
Someone care for me.
Word me.
Gray tango music plays/ boleros.
And I placed myself and the parasite there.
May someone care for me when I discover
I must forget the stroke that cuts

la superficie y salva.
Para saber del agua hay que entrar en el agua
clara, tierna, viva, fiel
y en el agua que arrasa las máscaras
y destruye las minúsculas formas.

Palabra   atada a tus hilos
cuida de mí   cuanto toco
es herencia de esos granos de polvo.
Creí haber rozado al menos su burbuja
pero miro mis manos.
Hacia atrás   en la tarde de lluvia del reparto
toqué nervio y piel   y las manos temblaron
rozadas por esa pluma de ave.
Hacia atrás.

Palabra / ¿quién cuida de ti?
¿A quién le pides que vele por ti
cuando esperas la germinación
y te miras las manos creyendo
que rozaste al menos la burbuja
y las descubres limpias sin temblores de pájaro?

¿A quién le dices: mira por mí?
¿Quién mira por ti
cuando la música te ordena
muerde su corazón/ tango/ bolero?

the surface and saves.
To know water one must immerse oneself in water
clear, tender, alive, faithful
and in the water that lays waste to masks
and destroys the tiniest forms.

Word   tied to your threads
care for me   all I touch
is the legacy of those grains of dust.
I thought at least I had touched its bubble
but look at my hands.
Back there   in that afternoon of neighborhood rain
I touched nerve and skin   and my hands trembled
touched by that bird's feather.
Back there.

Word / who cares for you?
Who do you ask to look after you
while you wait to germinate
and look at your hands believing
at least you touched the bubble
and find yourself cleansed without a bird's trembling?

Who do you tell: look out for me?
Who looks after you
when music commands you
takes a bite from your heart/ tango/ bolero?

¿Quién te cuida en el agua
cuando abandonas la brazada que salva
en las tranquilas o arrasadoras aguas?
    Palabra / país / bandera / amor
    Si quisieras me encontrarías.

Who watches over you in the deep
when you abandon the stroke that saves
in calm or turbulent waters?
    Word / country / flag / love
    If you wanted you would find me.

Las cosas

El jarrón azul donde puse flores para suicidios y otros
derrumbamientos.
La copa de los viajes de material goteante e irrompible.
Los platos verdes de Nora que no regresaron a Chile.
La sábana marina donde aquel no pudo naufragar.
Los hilos plata sobre la seda negra.

Una vez creí en aquello de Borges, cuando leía a Borges sin vacilación. Aquellas cosas «no sabrán nunca que nos hemos ido». Y sin embargo, yo sé y debería saberlo el hijo del vecino o el que ya no es hijo ni vecino.

Margaritas amarillas para apartar la voz llamadora he puesto en vasos y botellas. Y, por supuesto, serví mi alcohol, mi agua, mi comida, en otros recipientes. Y en otras sábanas no evité naufragar ni en telas tachonadas.

Pero era mi sudor y mi huella lo que yo buscaba en lo que ya era ajeno. No lo podía encontrar, hijo de mi vecino, ni hijo ni vecino, ni siquiera perfecto apropiador dejando huellas en la materia escasa de las cosas, si no puedes tocar lo que va golpeando dentro, es decir, lo que hizo mío el barro azul, el cristal coloreado, las telas todas que aparté.

Things

The blue vase where I put flowers for suicides and other
collapses.
The unbreakable cup of dripping journeys.
Nora's green plates that never found their way back to Chile.
The navy blue sheet where that one couldn't shipwreck.
Silver threads on black silk.

I read Borges without hesitation, and I believed in Borges. Those things "will never know we have gone." Yet, I know, and the neighbor's son should know, and he who is neither son nor neighbor.

I have put yellow daisies in glasses and bottles to ward off the voice that calls. Of course I served my alcohol, my water, my food, in other receptacles. And I couldn't avoid shipwrecking on other sheets or patched fabrics.

But I searched for my sweat and my footsteps in what wasn't foreign to me. I couldn't find them, neighbor's son, neither son nor neighbor, not even the perfect proprietor leaving his footsteps on the scant material of things, if you cannot touch what beats within, that is to say, what made the blue clay and crimson crystal, and all the cloths I put aside, mine.

La breve duración

Leí un largo poema de William Carlos Williams
sobre el amor y los asfódelos. Entre lo que ignoro,
tampoco sé qué cosa es el asfódelo.
Otras flores tuve y de otros poemas gusté
y también tuve otras ignorancias.
Es cierto que los poemas colocan cosas
sobre el mundo
y que hay personas que no gustan de ellos
ni del mundo,
aunque serían mejores si tuvieran
aquello que tienen los poemas.
¿Qué tienen los poemas, William Carlos Williams?
Provocan la desazón de lo desconocido,
el deseo de asir el humo que emana
de lo que creemos conocido.
Tuve esta flor, por ejemplo, hace años,
sobre la pared de una casa en la que estuve
viviendo;
en su patio las orquídeas cubrían el lugar
donde antes estuvo la caseta de madera;
en la caseta de madera, el padre de mi amigo,
una mañana nada especial
amaneció colgado de las vigas.
Las orquídeas luego cubrieron el lugar
pero no borraron su aura de tragedia.

Brief time

I read a long poem by William Carlos Williams
about love and asphodels. Among much else
I don't know what an asphodel is.
I've had other flowers and liked other poems
and there have also been   other things I haven't known.
It's true that poems place
things in the world
and there are people who do not like them
or the world,
although they'd be better off if they had
what poems have.
What do poems have, William Carlos Williams?
They make one curious about the unknown,
the desire to hang on to the cloud that emanates
from what we think we know.
For example I had this flower years ago
growing on the wall of the house in which
I lived;
in its patio orchids covered the place
where a wooden shack once stood;
in the wooden shack, my father's friend
was found, on an ordinary morning,
hanging from the rafters.
Orchids later covered that place
but couldn't erase its tragic aura.

De entonces acá estas flores no perdieron hermosura,
pero igual son materia del suicidio.
Otra flor tuve que vi crecer bajo mi agua
—el lirio perenne descrito por Ariel—;
tenía pocas cosas, paredes alquiladas me servían
de hogar: todavía me sirven.
No tuve asfódelos, tuve estas para mí.
Y de mí ellas no guardaron memoria.
Es vanidad de los poemas fijar los deseos del otro
y es vanidad de los poetas
creer que sus versos se fijan en el otro
como no lo hace la flor más que el tiempo
que le corresponde.
Si acaso guardaré algo para mí será lo mismo
que di a los otros que se me acercaron:
la breve duración de los asfódelos,
las orquídeas suicidas, los lirios de agua.

Even now these flowers retain their beauty
but are linked to suicide.
I had another flower I watched grow beneath my water
—that waterlily Ariel described—;
I had few things, rented walls
as a home: they still work.
I never had asphodels, but these were mine.
And they have no memory of me.
It's the vanity of poems that fixes the other's desires
and it's the vanity of poets
to believe their lines remain alive in another
as the flower cannot be
except in its few moments.
If I ever keep anything for myself it will be
precisely what I gave to those who approached me:
brief duration of asphodels,
suicide orchids, water lilies.

Rigoberto Mena pinta abstractos para Arthur Rimbaud

Del libro amarillo de los mitos
sustraigo su color para la Virgen
de la Caridad del Cobre.
La virgen abstraída da su consentimiento.
Unos pasos vacilantes hacia la construcción
de hierro
me hacen salir del espacio tranquilo de otra virgen
con Rigoberto Mena.
El tiempo pone estas cosas delante de mí
y yo las reconozco.
Vuelvo a ver la mesa de dibujo sobre la que me
acodaba
para la conversación;
de su superficie blanca rayada por cuchillas
extraje muchas veces el apoyo gratuito
contra el temblor:
encuentro ahora otra superficie
rayada por los vasos reposantes de cerveza
y por música vana:
de esta nueva forma extraigo
la antigua desazón, el antiguo abismarse.
Pintaría estas formas y les daría palabras con que
subsistir
sin miedo a las palabras:
en el temblor me hice y desde él las manos

Rigoberto Mena Paints Abstractions for Arthur Rimbaud

I take the color for the Virgin of *la Caridad del Cobre*
from the yellow book
of myths.
The absent-minded virgin gives her consent.
A few hesitant steps toward the iron
construction
take me from the tranquil place of that other virgin
by Rigoberto Mena.
Time places these things before me
and I recognize them.
Once again I see the drawing table upon which
I lean
for the conversation;
from its white surface covered with knife marks
I often obtain help
against the trembling:
and now I find another surface
scratched by glasses overflowing with beer
and pointless music:
from this new configuration
I take the old anxiety, the old grieving.
I would paint these forms and give them words
with which to survive
without fear of words:
I was forged in trembling and from it my hands

escaparon hacia el lienzo virgen.
Las manos del pintor que no roza
la mano que escribe
sino el espacio que ocupó.

[Rigoberto Mena pinta unas formas de aire
Usa el amarillo del libro de los mitos
Usa el negro que delinea los ojos avisados]

Dijo en otro momento de la conversación cómo iba a encontrarse con Van Gogh en cielo de pintores. En cielo igual encontraré a Bukowsky riendo estas cervezas. La misma lógica y pasiones iguales me llevarán allí.

Los pretextos que uso cual colores/ esconden el sueño en que una palma abierta/ sostiene la espalda a centímetros del lecho de agua./ Sumergida en el sueño sé lo mismo que antes de soñar/ pero el cuerpo dice que obtuvo algunas enseñanzas. El cuerpo sabe más de cuestiones abstractas.

En la mente el amarillo entra a jugar con tonos de gladiolos que no pedí para el cuadro que intento componer. El libro tocado cumple también función de talismán.

En el cuadro inconcluso, que quizás sea la entrada a ese cielo Van Gogh, pon estas sílabas sin orden ni concierto, porque así son las horas de escribir la portada del libro, de

escaped to the virgin canvass.
Painter's hands that do not touch
this hand that writes
but only the space it fills.

[Rigoberto Mena paints forms from the air
He uses the yellow of the book of myths
He uses the black that encircles watchful eyes]

In another part of the conversation he spoke about how he would find Van Gogh in painters heaven. In that same heaven I will find Bukowsky laughing in his beer. The same logic and passions will take me there.

The pretexts I use for those colors/ hide the dream where an open palm/ sustains my back inches from water's bed./ Submerged in the dream I know what I knew before dreaming/ but my body says it learned something. The body knows more about abstract things.

In my mind the yellow begins to play with the gladiola hues I didn't request for the painting I am trying to compose. The book I touch also fulfills its talisman role.

In the unfinished painting, I may find the entrance to that Van Gogh heaven, place these syllables with neither order nor concert, because such are the hours needed to write the

regresar al espacio tranquilo de la santa, de ver el nombre escrito sobre el blanco, perpetuador de otras superficies; así son las horas compactadas en el breve tiempo que las trae de regreso.

El cuadro de Villalón que quise tener entra —oblicuo— a la noche. De su áspera tela prendí la mano aleteante cuando reptaba por la mesa de dibujo presa desfalleciente del deseo presa salvada por error en el error creada.

Del libro amarillo de los mitos
tomo su color para el deseo recobrado:
lo que en otro precisa mis palabras:
las formas destejen el aire alrededor.

book's cover, to return to the saint's tranquil space, to see the name written on emptiness, perpetrator of other surfaces; so compact are the hours in this brief time that brings them back.

The painting I wanted by Villalón enters—obliquely—into night. From its crude cloth I grabbed the wavering hand when it crept across the drawing table, fainting prisoner of imprisoned desire saved by mistake in fabricated error.

From the yellow book of myths
I take its color for my renewed desire:
what in another demands my words:
forms that undo the surrounding air.

El poema

En mis Jardines, Noel
no pastan héroes. Animales blandos
derriban esos límites
y de allí salen a comer esto que ves y soy
aderezada por el aire salobre.
Viene a comer el animal salvaje.
Viene a comer el animal doméstico.
A uno y otro los separa [leve] su voracidad.
De ambos no sé qué me separará.

Arborescente es también la boca con que pasto
de mi propio jardín.
Donde soy tierra firme
puentes elásticos me soportan el peso.
Cruzo esos puentes asida de la idea de ti:
asida de la idea de ti
no caeré al abismo de los árboles acechantes
los que no me darán su *sombra protectora*.
Bajo este *cielo fijo* puse mi casa líquida:
atravieso su cuerpo como el cuerpo
de los hombres   camino de la mortalidad.
Bajo el *cielo que pasa* los puentes temblorosos
la doble levedad: asida de la idea de ti
a mis jardines, Noel

The Poem

No heroes graze
in my Gardens, Noel. Nondescript animals
destroy those limits
and emerge to eat what you see, what I am,
seasoned with salt air.
The wild animal comes to eat.
The domestic animal comes.
Their hunger [briefly] distinguishes them.
I don't know what will distinguish me from them.

In my own garden my grazing mouth
is also exuberant.
Where I am dry land
elastic bridges support my weight.
I cross those bridges imprisoned by the idea of you:
imprisoned by the idea of you
I won't fall into the abyss of trees that lay in wait
those refusing to give me their *protective shade.*
Beneath this *motionles sky* I built my liquid house:
I move through its body like the human
body   on the road to mortality.
Beneath the *passing sky* the trembling bridges
dual levity: pulled to my gardens
by the idea of you, Noel

donde alimento la bestia rumorosa
y cuido el sueño del animal de casa / bajo ningún cielo.

where the babbling beast grazes
and I nurture the dream of the domestic animal / be-
neath no sky.

Después de la fiesta

Era el hijo de alguien   el hermano   el padre
El vecino cercano   el enemigo
El tipo de la esquina
El joven una vez   el abuelo de él
El de la compra diaria del periódico
la sal de las comidas   la carencia
El del parque contiguo mirando las baldosas
los gorriones clonados   las hojas del laurel
El del agua caliente para el baño
El que no podía haber sido ministro
ni cartero.

Demasiado tiempo para demasiadas cosas
Su cansancio antiguo como las formas de vivir
que le tocaron
como el hierro forjado que apretaba
como la felpa muda de su cuello
los buenos días   la desnudez del torso
las piernas levantadas sobre el borde
la inocente caída   la culpable.

Para no ser más
el observado por la muchacha que fui
la dócil bebedora del ajenjo
la que cargaba su casa como un caracol

After the Party

It was someone's son   brother   father
Close neighbor   enemy
The guy on the corner
He who was young once   his grandfather
He who buys the newspaper every day
salt for food   scarcity
The one in a nearby park staring at the pavement
cloned swallows   laurel leaves
He of hot water for the bath
He who couldn't have been a preacher
or a mailman.

Too much time for too many things
His ancient fatigue like the ways of life
that were his lot
like forged steel pressing down
like the mute felt of his collar
wishing good day   his naked torso
legs raised at the brink
the innocent fall   the guilty one.

To no longer be
seen by the young girl I was
docile absinth drinker
she who carried her house like a chastised

escarmentado
la que ponía su foto en los carteles
y una solitaria bandera en la pared.

Después de la fiesta
no pudieron encontrarse:
él rodó hasta detenerse
contra la pared que guardaba los autos
ella no pudo verle desde el asiento
en que quedó clavada
ni creer que era posible bajar las escaleras
y partir
como si nada hubiera sucedido.

snail
who put her photo on posters
and a solitary flag on the wall.

After the party
they could not find one another:
he tumbled until he fell
against the wall that encircled the cars
she could not see him from the seat
where she couldn't move
nor could she imagine it possible to descend the stairs
and leave
as if nothing had happened.

Oh mar oh mar

Cae en la luz de octubre
el polvo que los cuerpos allá afuera despiden.
De la luz cae la humedad al pecho
donde bebo —como si pudiera— con feracidad.

Cae la mano y aparta   leve el gesto y firme
aparta la cabeza inclinada/ el deseo.
Irrepetible el relámpago
desviado de la piel a la irónica boca.
Modula frases   letras que caen hacia el aire
y solo allí se juntan con desgana.
Caería bajo la orden rajada de Barroso
baila/ decía   en esta trova- amarga
baila desde ayer hasta la noche que caerá.
Te falta caer al abismo de otros
cuando caigas bajo el dedo francotirador.

Oh mar oh mar
si devolvieras lo que cae hacia ti
oh mar oh mar
devuélveme.

Oh Sea Oh Sea

Falling through the October light
dust of those bodies saying goodbye out there.
From that light the breast's moisture falls
where I drink—as if it were possible—prolific.

The hand falls and departs   a gesture both light and firm
the bowed head departs/ desire.
A single bolt of lightning strikes
deflected from skin to ironic mouth.
Modulate phrases   letters falling from the air
and only there unite in lethargy.
I would fall beneath Barroso's slashed command
dance/ I said   in this bitter ballad
dance from yesterday to a night that will descend.
You must fall into others' abyss
when you fall beneath the sharpshooter's finger.

Oh sea oh sea
if you would release what falls toward you
oh sea oh sea
put me back.

Compacts

I

No creo haber sido la única en la Plaza de Armas que hacía sus palabras. Turistas levemente atentos, con las piernas cruzadas hacia lo alto y los pies desnudos, dejan ir las notas de la flauta. La plaza está pensada. Mujeres de Botero en camisas azules barren hacia el recogedor las hojas de laurel que caen despaciosas.

El obrero que pinta unos adoquines de madera recién puestos había recogido un pájaro raro: desconocido para mí. Aquel pájaro trataba de agarrarse con las patas delgadas al borde del vagón de arena. Allí quedó: por momentos no podía saberse si estaba vivo. Hasta que el pájaro movía un poco el cuello y giraba los ojos. Era un detalle terriblemente humano. Y también estaba pensado para turistas. Ellos gesticulaban como si hubieran encontrado la belleza y aprisionaban la belleza en el ojo de sus cámaras de video y una vez logrado el testimonio se iban sin mirar de nuevo al pájaro patético, a buscar algún otro detalle especialmente bello o especialmente humano.

Un obrero retocando la fachada de piedra no desentonaba. Fue pensado también para turistas. Mujeres arrastrando sus vestidos de intención colonial, cestas con flores de plástico o papel y sonrisas marcadas de una comisura a otra, apretaban en el

Compacts

I

I don't think I was the only one at the Plaza de Armas who heard his words. Tourists vaguely attentive, their legs crossed on high and their naked feet, perceive the notes of the flute. The plaza is well designed. Botero women in blue shirts sweep the slow falling laurel leaves into bins.

Workman painting some newly placed wooden paving blocks had captured a rare bird: one I didn't know. With his feet that bird tried to hold onto the wheelbarrow's narrow rim. There it was: for a moment I couldn't tell if it was alive. Until it moved its neck slightly and turned its eyes. It was a deeply moving detail. And it too was designed for the tourists. They gestured as if they had discovered beauty and caught that beauty in the eyes of their video cameras, and once they'd gotten the image they left without looking back at the pathetic bird, without looking for another particularly beautiful or particularly human detail.

A workman touching up the stone façade fit right in. It was all designed for the tourists. Women, dragging their dress of colonial purpose, their baskets with plastic or paper flowers and smiles pasted from one corner to another, hid crumpled bills in the palms of their hands, beneath the flower

hueco de la mano, bajo la cesta de flores, billetes arrugados. Una niña con un bolso de *nylon* sacaba unos jabones, los olía sobre el papel y los pasaba por su cuerpo.

Yo también fui pensada para turistas esta mañana. Intento regresar de mano de los trenes. Soy la escucha mientras tanto. Coches infantiles. Los destinos de un niño. Algún rostro fijo que no refleja las ideas. Y también lo contrario.

Mirada mientras miro. Turista desechable. Esto es común. Pero lo escribo.

II

Recortado contra el laurel   iluminado por lo azul y lo blanco R. deliraba por agua. En R. siempre cayendo *la lluvia minuciosa*. Lo creí así. Era tarde. Los vecinos recostados al asidero móvil   fumaban. Por razones no muy claras no parecían recortarse contra nada. Solo allí: entre sombra y apariencia de sombra. Imaginé que era tarde. Es posible que mientras estuve encerrada   lo tarde no existiera. Sí creí saber que existía R. delirando por agua. Entra/ estando en un espacio de nombre imposible/ virtual T. acechando sistemas/ciega intramuros/estaciones de Monserrate desde donde entra al agua el corazón minucioso. Era temprano. No sé. Solo puedo decir que en algún momento abandonaron el asidero móvil y no fumaban. *Sin*

baskets. A little girl took some bars of soap from a plastic bag, she smelled them and rubbed them over her body.

That morning I too was designed for tourists. I try to return holding fast to the trains. I am the listener. Children's cars. A child's destiny. A staring face that does not reflect ideas. And also its opposite.

Looked at as I look. Expendable tourist. This happens. Still I write it.

II

Standing before the laurel tree   illuminated in blue and white, R. begged deliriously for water. *Minuscule rain* always fell on R. I thought of him that way. It was late. Neighbors leaning against the moveable railing   smoking. For reasons that weren't very clear they didn't seem to be leaning on anything. They were simply there: between shadow and the perception of shadow. I imagined it was late. It is possible that while I was imprisoned   there was no such thing as late. I did believe R. existed begging for water. In a place of impossible name/ virtual T. came in stalking systems/ blind between the walls/ Monserrate stations from which water enters the tiny heart. It was early. I don't know. I can only say that at a particular mo-

ti no entiendo el despertar. Recordar —decía Eredis. Sin ti no puedo recordar.

III

Creo que se llamaba Oscar. No lo recuerdo. Preciso es, en cambio, el gesto del índice y el pulgar sobre la oreja, su nombre, la seña que lo designaba y servía para nominar frases de amor, terribles frases. He recordado la sensación del sonido sin significado, sin resonancias dentro del caracol. Aleteaba sin chirridos audibles para él, disolviéndose, ruidoso sin conciencia. A su paso las cosas amplificaban su presencia, solo para mí. La cortina de cuentas contra la pared, la silla obstáculo, los autos sonando para él cláxones inútiles. Y él, en su mundo poblado de ruidos que no sé, otros ruidos, allí, en medio siempre de posibles desastres, como un animal feliz.

IV

Una mujer se encierra y pulsa *enter*. De la pantalla líquida esperará el anuncio de la mano capaz de atravesarla. Nadie parece creer en ello, excepto la mujer que pulsa enter y la que lo presiente y escribe mar mediante.

Si es verdad que «desde que una cosa es dicha muy provisionalmente es verdad», no harán falta muchas manos capaces

ment they abandoned the moveable railing and stopped smoking. *Without you I do not understand waking.* Remember—said Eredis. Without you I cannot remember.

III

I think he was called Oscar. I don't remember him. On the other hand, the way he touched his ear with his forefinger and thumb was precise, as was his name, the sign that defined him and made it posible for him to utter phrases of love, terrible phrases. I have not forgotten that sensation of meaningless sound in the shell, lacking resonance. It fluttered with shrieks that were inaudible to him, dissolving, noisy but unconscious. When he went by, things amplified his presence for me alone. The curtain of beads against the wall, the chair in the way, cars sounding useless horns in his wake. And he, in his world inhabited by noises I do not know, other noises, there, always in the midst of some possible disaster, like a happy animal.

IV

A woman isolates herself and clicks *enter.* From the liquid screen she will await the message of a hand capable of piercing it. No one seems to believe this, except for the woman who clicks enter and she of the premonition who writes by the sea.

de trasponer esa puerta sólida e irreal. Bastaría con una para demostrar que no somos una raza tan equivocada.

Mientras sucede, la mujer que pulsa enter y la que lo presiente y escribe mar mediante, se envían mensajes a través de la pantalla líquida. Las palabras mecánicas no son el amor pero lo nombran. No son la música pero la traducen.
La mujer que escribe y presiente mar mediante tiene una hermana que acuna a Daniela para que ella escriba palabras.

La mujer que tiene una hermana es también hermana de la que pulsa enter y envía mensajes para que Daniela crezca y la que escribe escriba palabras con cierta tranquilidad.

No creo que seamos una raza equivocada. La vida puede ser simple como estas palabras.

VII

Los amarrados

Regidos por la cuerda parecen tener como ganancia la curiosidad de aquellos que los ven llegar. No sonríen. Debo conceder que no lloran tampoco. Los miro así, llevando pedazos de algo a la boca mientras alguno juguetea con su porción de soga. Y no sé determinar cuál de ambas porciones es mayor alimento.

If it's true that "from the moment something is said, even provisionally, it is true," we won't need many hands capable of piercing that solid unreal door. One will be enough to show us we aren't such a mistaken race.

While this takes place, the woman who clicks enter and the one writing by the sea who intuits it send each other messages on the liquid screen. The mechanical words aren't love but say its name. They aren't music but translate it. The intuitive woman writing by the sea has a sister who holds Daniela in her arms so she may write words.

The woman with a sister is also the sister of the one who clicks enter and sends messages so Daniela will grow and she who writes inscribes words with a certain tranquility.

I do not believe we are a mistaken race. Life can be simple like these words.

VII

The Bound Ones

Guided by the string they seem to have won the curiosity of those who saw them arrive. They do not smile. Neither do they cry, I should admit. I watch them like that, lifting pieces of something to their mouths while someone plays

[Atada por una cuerda que no puedo tocar. Por cosas comunes/ difíciles de cortar con el cuchillo, como corto el pan diario o estos versos.]

Los veo amarrarse voluntariamente como si no bastaran los hilos que los atan al día vivido una vez y otra vez/ y me veo a mí/ no sé la diferencia. Nudos por desatar en vidas enlazadas al padre y a la madre, al hijo, a las paredes por hacer, al presidente, a las mareas, a los ajustes de piedras que no vemos y hacen temblar nuestra casa de tránsito. Una cuerda y otra. La diferencia es leve.

Terminarán odiando al vecino de cuerda. Miro unos ojos de alguien y los ojos salen a rastrear el filo cortante, los dientes, la sierra mecánica, algo que corte acero, carne, hilos, lo que sea visible y le mantiene atado a los otros ojos que también miro y salen a rastrear el filo cortante, los dientes, la sierra mecánica, algo que corte acero, carne, hilos, lo que sea visible.

with their length of rope. And I cannot determine which of both portions is the better food.

[Tied to a string I cannot touch. Because of ordinary things/ difficult to cut with a knife, like I cut each day's bread or these lines.]

I watch them voluntarily bind themselves as if the strings that tie them to the day they have lived and lived again were not enough/ and I see myself/ I do not know the difference. Knots to untie in lives tied to the father and the mother, to offspring, to walls to be built, to the president, the tides, the adjustment of stones we do not see and which shake our transitory house. One rope and another. The difference is slight.

They will end up hating the rope neighbor. I look at someone's eyes and they track the cutting edge, teeth, handsaw, that which cuts through steel, flesh, thread, that which is visible and keeps them tied to other eyes that also look and track the cutting edge, teeth, handsaw, something that cuts through steel, flesh, thread, that which is visible.

La sombra protectora

Protective Shade

Ganancias de la posesión

A salvo de los altos edificios y los tomacorrientes
del abismado rumor de las hormigas.
A salvo de los podadores de gestos y palabras
que enarbolan sus podas como míseras banderas.
En la sencillez que denota el dibujo repetido
del toro estoy a salvo.
Como en este dibujo   cuerpo poseído
abro surcos divisorios en el aire.
Estos surcos son mis «bellas banderas»
ganancias de la posesión.
Para la sequedad áspera de afuera
el cuerpo poseído fabrica sus relieves. Contiene
todo el peligro con que se sale al mundo
y el mundo los convoca: la pose eficaz
las palabras inteligentes   la escenografía
los presagios.

Ganancias de la posesión: estoy a salvo
en la pérdida de lo que ya no me pertenece.
Ya no el labio que toqué con devoción
ni el asomo de la palabra escrita
recibiendo mi sangre sobre las sábanas.
Ya no el muro de contención
que el agua derribaba con alevosía
el refugio de los mármoles negros.

Possession's Gains

Safe from tall buildings and electrical outlets
from the abysmal murmur of ants.
Safe from the pruners of gestures and words
who unfurl their prunings like miserable flags.
In the simplicity of the bull's
repeated drawing   I am safe.
As in this drawing   body possessed
I carve dividing furrows in the air.
These furrows are my "beautiful flags"
possession's gains.
For the crude drought out there
the body possessed fabricates its topography. It contains
all the danger needed to go out into the world
and the world summons it: efficient posture
intelligent words   stageset
omens.

Possession's gains: I am safe
in the loss of what no longer belongs to me.
Neither the lip I touched devotedly
nor glimpse of the written word
receiving my blood on the sheets.
No more containing wall
water shattered with its treachery
black marble refuge.

Nada de aquello   nada.

Es posesión de la mente del traidor:
yo estoy a salvo de la hoja triturada
contra la palma
de su olor de muerte. Es otro olor
el que no poseo   el olor de lo que ya no es
y deja esos recuerdos de talco.

Son las pérdidas de la posesión
pero la que yo fui   tampoco existe
ni posee nada ya
ni extraña nada.

Nothing of all that nothing.

It is the possession of the traitorous mind:
I am safe from the page crushed
in my palm
from its smell of death. It is another smell
I do not possess the smell of what no longer is
and leaves those traces of powder.

They are the losses of possession
but who I was does not exist either
nor possesses anything now
nor misses anything.

Subasta personal

Toma lo que veas porque nada verás.
Hurga en la piedra de los sacrificios
y acaso llévate la sangre convertida en polvo
el cuchillo romo sin huellas dactilares.
No es crimen pasional. No alcanzan a tanto
los ojos resecos. Tampoco las historias
son tan interesantes.

Quise saber cómo defendería criminales comunes
y no encontré defensa.
En las fotos del juzgado aparecía
la silueta en las sábanas
pero no la mano que puso el fuego
sobre la carne amarrada a las sábanas.
Vi la cabeza desprendida
durmiendo su sueño de cal con los ojos abiertos.
Vi las cosas que no puedo comprender.
El sueño de la razón produce carne chamuscada
y cuerpos desmembrados.
El sueño de la razón crea el abismo.

Personal Auction

Take what you see because you will see nothing.
Dig in sacrificial stone
and take with you, perhaps, blood become dust
the blunt knife devoid of fingerprints.
It is not a crime of passion. Dry eyes
don't reflect as much. Neither are the stories
so interesting.

I wanted to know how I would defend common criminals
and found no defense.
In the courtroom photos an outline
appeared on the sheets
but not the hand that lit the fire
above the flesh tied to those sheets.
I saw the decapitated head
sleeping its ashen open-eyed dream.
I saw things I could not understand.
The dream of reason produces scorched flesh
and dismembered bodies.
The dream of reason creates the abyss.

Hospederos

La forma de los animales minúsculos
contiene lo que somos. Me pregunta qué somos.

Sé que miro, por ejemplo, la curva
de la hoja y admiro su perfección
sin saber por qué creo que aquello que admiro
es la perfección. Con igual concentración
ajusto el lente que me permita ver los hospederos.
Nada. Palabras.
Puestas en fila, tomo esta al azar y nada explico.
Sé que el poeta, como otro animal minúsculo
hace su guerra personal con lo inasible.

Ansía la gloria de las palabras publicadas.
No existe la gloria de las palabras publicadas.

Landlords

The imprint of minuscule animals
contains who we are. I ask myself what we are.

I know, for example, I look at the leaf's curve
and admire its perfection
without knowing why that which I admire
is perfection.   With the same concentration
I adjust the lens that allows me to look at landlords.
Nothing. Words.
All lined up, I take this randomly and explain nothing.
I know the poet, like other minuscule animals,
wages her personal war with the unknown.

I am eager for the glory of published words.
The glory of published words does not exist.

Geografía del oscuro

Sin bajar el párpado
la geografía / el sentido que implica / se reinventa.
La oscuridad no suaviza los ásperos contornos
de lo que me hace, fabrica otras líneas
ni duras ni feroces: otras líneas de las cosas a mí.

En esta realidad, desinventada por las oscuras formas
la geografía cotidiana una vez más escamotea
hurta cosas de la mano
desde el límite finito de la mano y las cosas:
en el doble terreno se afianza lo que no puedo poseer.

Recuerdo algo
¿existe un árbol allí donde no existe nadie para verlo?
Alguna respuesta habría que dar.

Una vez, recorriendo la caverna iluminada
toqué la oscuridad: ¿Existía yo
si no había nadie para verme?
Alguna respuesta habrá en la superficie.
¿Quién me posee si no existe la respuesta?

Geography of Darkness

Without lowering my eyelid
geography/ its implied meaning / reinvents itself.
Darkness does not soften the sharp corners
of what it makes of me, it creates other lines
neither hard nor ferocious: other lines of things leading
to me.

In this reality, undone by dark forms
daily geography takes off once again
grabs what we hold in our hands
from the finite edge of hand and things:
it fixes on the dual terrain what I cannot possess.

I remember something
does a tree exist where no one exists to see it?
We must have an answer.

Once, exploring the illuminated cave
I touched darkness: Did I exist
if there was no one to see me?
There must be an answer on the surface.
Who possesses me if the answer doesn't exist?

Dios es amor / *Danger* / Hay perro

Con la misma eficacia que el cartel de aviso
hacerte decir que lo comprendes. No dejo que me afecte.
El desmembrado cuerpo entra al iris espejeante,
al violeta.
La sin cabeza entra con cabeza prestada.
Es fuera de programa. No dejo que me afecte.
Los clarinetes bajo el agua no cantan su reclamo/
ave de cacería/ sálvate.

Tiene gestos humanos, por lo tanto cobardes
por lo demás comunes, por exceso gratuitos.
También ofrezco gestos. Donde la flor búlgara
se exhibe *démodé*. Y por amor cometo
los interesantes crímenes. *Danger / Hay perro*.
Es decir trampa de agua para el ave
pared acolchada
caja de resonancia con salidas ciegas.

Yo te quiero dormir en la trampa de agua.
En el centro del corazón del pájaro /
donde la profecía del insomne /
donde la flor búlgara se exhibe *démodé*.
Y es fuera de moda estremecerse en la plana belleza /
donde el misterio sea perdurable.

God is Love/ *Danger*/ Beware of Dog

With the warning sign's efficacy
getting you to say you understand. I don't let it affect me.
The dismembered body enters the glistening iris,
enters the violet.
The headless one enters with a borrowed head.
It's not in the program. I don't let it get to me.
The underwater clarinets don't sing their enticement/
hunting bird/ save yourself.

It has human gestures, in other words cowardly
but otherwise common, and excessively gratuitous.
I too offer gestures. Where the Bulgarian flower
shows itself *démodé*. And for love I commit
the most interesting crimes. *Danger/ Beware of Dog.*
That is to say a water snare for the bird
a padded wall
a soundbox with blind releases.

I want to put you to sleep in the water snare.
In the center of the bird's heart /
where the sleepless one's prophecy lives /
where the Bulgarian flower shows itself *démodé.*
And shuddering on the beautiful prairie is not in style /
where mystery lasts forever.

No dejo que me afecten los carteles de aviso.
Cuídate. Hay perro listo para morder /
hay bestia entrenada para soplar la llamada patética /
hay cuerno de caza sin sonido bajo el agua.
Cuídate / dios será amor/
pero yo / ave de cacería /
sé salvarme.

I don't let the warning signs affect me.
Be careful. There is a dog ready to bite /
a beast trained to put up with the pathetic call /
a silent hunting horn beneath the water.
Be careful / god will be love/
but I / the hunting bird /
know how to save myself.

Encima de las aguas

Amo el sonido de la palabra isla.
Como viaja el sonido de la palabra isla
sin baches en el aire
para decir soy yo, que te contengo.
Amo el ruido de mi nombre
dentro del ruido de la palabra isla.
No sé qué puso aquí mi nombre y la palabra
pero olfateo la revelación.
Fatalmente los seres de agua
en algún lugar de la andadura
llegamos a la orilla.
Mientras me pienso alcanzando el límite
vuelvo a arriesgar el pie.
Una y otra vez:
las aguas   aguas   aguas.

Above the Waters

I love the sound of the word island.
How the sound of the word island travels
unimpeded through air
in order to say I am me, I contain you.
I love the noise of my name
within the noise of the word island.
I don't know what placed my name and the word here
but I smell revelation.
Inevitably, water beings
at some point in our journey
reach shore.
While I imagine myself achieving it all
I risk my foot once more.
Again and then again:
the waters   waters   waters.

La isla

Isla mía / no quiero hablar de isla.
Te hemos explicado y no aprendemos de ti:
agua en canasta es nuestro conocimiento.
Negamos la orilla   y en tierra firme
echamos a caminar buscando el límite
la línea protectora que nos libre del susto/
de lo inmensurable.

Eternos habitantes en la sajadura del agua
en el temblor rumoroso
necesario al pie como otro precisa
la superficie lunar.

Isla mía / islas
en cada uno el resplandor
de la hora finita de la tarde
que saca a pasear
como el humo de los años felices
el rostro particular transformado en máscara.

Isla mía / no quiero hablar de isla
y soy rodeada de mar y miro al mar
como miran los pájaros comunes
los mudables colores
la marea circular / inalterables.

The Island

My island / I don't want to speak of island.
We have explained to you we do not learn from you:
water in a basket is what we know.
We deny the shore   and on dry land
start walking searching for the edge
the protective line that frees us from fear /
of what is immeasurable.

Eternal inhabitants of water's causeway
in the murmuring shudder
the foot needs like another needs
the surface of the moon.

My island / islands
in each the splendor
of the afternoon's final hour
like the smoke of happy years
that particular face turned mask.

My island / I don't want to speak of island
I am surrounded by sea and gaze at the sea
like common birds
look at changing colors
circular tide / immutable.

Los altoparlantes piden el hermoso sacrificio.
Ya no vivimos *cercados por las aguas*
somos el agua misma / agua elemental
graciosos líquenes
animales minúsculos que se cruzan
con los hermosos ahogados
sin nadie que nos vista y acaricie
para descansar en tierra.

Loudspeakers demand the beautiful sacrifice.
We no longer live *surrounded by the waters*
we are water itself / primal water
graceful lichen
minuscule animals intertwined
with the beautiful drowned
with no one to dress and caress us
so we may rest on earth.

Los hermosos ahogados

I

De los mares de todas las islas   ahogados
hermosos ahogados emergen para desandar
los trillos que sus propios pasos
abrieron en la hierba.
Fueron al mar
arrastrando sin saberlo la maldición del agua
y como agua dócil sus cuerpos
se abatieron frente a los elementos:
no reposan / no duermen.

Ladrones de cuerpos toman sus huesos
los pasillos del cráneo y de los ojos
y parecen animar   en breves lapsos
lo que las aguas ya tomaron antes
y fue tributo al espacio de la hierba trillada.

Hermosos ahogados de las islas
sin un pedazo de isla para los huesos
cansados del vaivén.

Es posible verlos a la luz del faro
como bañistas despreocupados de lo que agita
las ciudades y las oficinas

The Beautiful Drowned

I

From every island's seas the drowned
the beautiful drowned emerge to unwalk
those paths their own steps
opened in the grass.
They went to sea
not knowing they dragged water's curse
and like docile water their bodies
fought the elements:
they do not rest / do not sleep.

Bodysnatchers take their bones
the passageways of their skulls and eyes
and seem to encourage in brief moments
what the waters already took
and made tribute to overgrazed grass.

Beautiful drowned of the islands
without a bit of island for their bones
tired of coming and going.

By the beacon's light we can see them
like swimmers unconcerned with what they arouse
cities and offices

y simula vida
lejos de las pequeñas luchas/
de los insectos breves.

Encima de las aguas
no hay aliento ya
para los hermosos ahogados.
Ellos son nuestro pueblo submarino
lo que acaso dejemos al minucioso azar
como una pieza suelta   el eslabón perdido
hasta la ocasión de entrar resueltos a las aguas.

and they simulate life
far from the small struggles/
of insignificant insects.

Above the waters
there is no breath now
for the beautiful drowned.
They are our underwater people
those we leave to random chance
like a piece of the puzzle that doesn't fit   the lost rung
until it's time to enter the waters resolutely.

II

Sostienen la isla y la socavan.
Ignoran nuestro peso en ella
si peso damos a tanta levedad.
Pequeños habitantes / no nos miran
y les pertenecemos.
Esperan el naufragio / el inevitable
choque / la caída veloz:
imanes nos atraen a nuestro destino de agua.
Me pongo allí
en el imaginario tentador de la cama flotante
por nuestras *hundiduras*, alter ego
las hundiduras.

Lento es / lento despeñarse.
Rocas abajo.

II

They sustain and undermine the island.
Ignore our weight upon it
if we even give weight to such levity.
Small inhabitants / they do not look at us
and we belong to them.
They await the shipwreck / the inevitable
collision / swift fall:
magnets pull us to our destiny of water.
I place myself there
on the tempting imaginary of the floating bed
for our *immersions*, alter ego
immersions.

It is slow / a slow plummet.
Rocks down below.

III

En la lechosa alfombra
donde descansa a tramos de la ruta marítima
el ahogado hace su propia ruta de sal
ruta de sedas presentidas
en los animales vivientes.

El ahogado busca el punto de reposo
pero solo en el movimiento
es capaz de mantener el recuerdo de su objetivo.

Ahogados de las islas.
Su hermosura es la desnudez
de nuestras vanidades.
Ahogados de la tierra.
Su hermosura no existe.
La creamos a voluntad
para sentirnos a salvo de un destino semejante.
Pero las aguas escriben su libro inalterable
en caracteres invisibles para el ojo del sol.

Ahogados de las islas
descifran en el libro la ruta venidera
como otros antes fijaron la suerte
de las caravanas.

Debajo y encima de las aguas.

III

On the milky carpet
where they rest along stretches of maritime routes
the drowned make their own pathway of salt
pathway of suspicious silks
in living animals.

The drowned seek a place of repose
but only in movement are they able
to keep alive the memory of what they search for.

Drowned of the islands.
Your beauty is the nakedness
of our vanities.
Drowned of the earth.
Your beauty doesn't exist.
We create you intentionally
to feel safe from similar destiny.
But the waters write your immutable book
in letters invisible to the sun's eye.

Drowned of the islands
decipher in the book the journey to come
like others before them fixed the luck
of caravans.

Beneath and above the waters.

Ciudad de isla

I

En la ciudad de isla el hombre se arriesga
sobre el juego de la falla volcánica.
En este desdibujarse de la roca firme
¿qué no se desdibuja?
Tiembla el ser del ser de isla
y se recompone en el instante
que sigue al tintineo de las piedras.
Tiemblan las paredes sólidas
y tiembla la sólida máscara con que cubrimos
nuestro rostro único.
Nada es cierto cuando los minerales
cambian el lugar que les señalaron
los enterramientos.

Yo vivo ese temblor
con mi pensamiento de agua.

Con mi pensamiento de agua
salvo los argumentos, la armazón de la isla
el corazón inamovible de su raíz en tierra
escasa tierra
pero aún tierra sobre el agua.

Island City

I

In the island city we risk ourselves
in a game of volcanic fault.
In this fading of solid rock
what doesn't fade?
Our beings of island being tremble
and immediately recompose ourselves
in the moment following the tinkling of pebbles.
The solid walls tremble
and also the solid mask with which we cover
our singular face.
Nothing is certain when minerals
change those places arranged
by burials.

I live that trembling
in my watery thought.

In my watery thought
I win arguments, the island's armature
immutable heart of its root in earth
scant earth
yet earth above water.

II

A la ciudad de isla ofrezco
el color del aire por el que se deslizan
los cuerpos sudorosos.
El temblor devuelve esa carne masticada.
En los días del temblor
veo pasar las caravanas que trajeron una vez
las especies únicas / el exquisito olor
de las tierras
de un más allá firme que no puedo describir.

No sé cómo se vive sobre esa tierra firme.

II

To the island city I offer
the color of air through which
the sweaty bodies glide.
The shudder returns masticated flesh.
On quaking days
I watch the passage of caravans that once brought
rare spices / the exquisite scent
of lands
from a faraway I cannot describe.

I don't know how people live on that dry land.

Casa en la tierra

Sobre la tierra firme construimos refugios
promisorios
creemos en ellos como la salvación:
nadie nos salvará de nuestra vanidad
nuestro peso de hormiga en la casa mudable
nada nos apartará de las paredes provisionales
pegadas a las rocas.

En el antiguo mundo en las montañas de Petra
los hombres cincelaron el sueño rosa
de los otros.
En filas sudorosas / aspirando en el polvo
tallaron las catedrales de los dioses de piedra.

Nuestros dioses de arcilla en ciudades insomnes
enredan su confusión en columnas y techos
circulares.
Pues toda casa tiembla.
Sobre la tierra firme la única firmeza
proviene de los sueños que echamos hacia el agua
y el agua los devuelve
como lengua que lame los contornos
del cuerpo y los suaviza
y les crea la breve eternidad de las paredes
de los sueños de agua
las palabras.

House on Dry Land

On dry land we build promising
refuges
believe in them like salvation:
nothing will save us from our vanity
our antlike weight in the moveable house
nothing will take us from its provisional walls
built on rock.

In the old world   in Petra's mountains
men carved another's
rose colored dream.
In sweating rows / breathing dust
they carved the stone gods' cathedrals.

Our clay gods   in sleepless cities
weave their confusion in columns
and circular roofs.
And every house trembles.
On dry land the only conviction
comes from the dreams we toss into the water
and the water returns them
like the tongue that licks the body's
secret places and soothes them
and builds a brief eternity of walls
of water's dreams
words.

Intento un canto para la luz del día
que aparte de esta calidad de luz
la luz artificial que adorna nuestra naturaleza.
En el canto para la luz del día
no es posible oír suspirar a los seres de isla.
Los seres de agua reservan el suspiro
como tributo a otra soledad:
artificio creado para las altas horas.
En esta soledad
al compás del sillón /
en el vaivén que adormece
no existe nada más.
Nada, hija mía, que no sea
nuestra respiración.
No sé qué canción, qué luces darte
que no delaten el almíbar
de todas las palabras
con qué sujetarte
a las rocas cambiantes
del desfiladero.

I try to sing a song for the light of day
to separate from this quality of light
the artificial light that adorns our nature.
In the song for the light of day
it isn't possible to hear the island beings whisper.
The water beings save the whisper
as a tribute to another solitude:
an artifice created for the late hours.
In this solitude
to the rhythms of an easy chair /
in the swaying that rocks us to sleep
nothing else exists.
Nothing, my daughter, but
our respiration.
I don't know what song, what lights I may give you
that won't betray the honey
of all the words
with which I would tie you
to the gorge's
changing rocks.

El temblor

I

En la tierra breve que desgrano
flores de cedro / helechos / abedules:
signos de la transformación.
La gacela de ayer
maúlla en mi caricia
en el sitio cálido de las ropas de sal.
Flores de cedro
que no son la mesa olorosa / la silla torneada.

La mariposa que conoce los cielos aneblados
vuelve pez su sueño para amar al pez:
aman los peces transfigurados
a la luz de la vela.

Son estas las canciones que canto
en la oscuridad. Otros serán
los cantos de la luz en la voz de mi hija.
Ella no conocerá a los hermosos ahogados
sosteniendo la plataforma marina de la isla.
Ella buscará otra explicación
tan cierta como esta / tan inútil para describir.

Signos de la transformación

The Quake

I

On the brief earth I thresh
cedar blooms / ferns / birch trees:
signs of transformation.
Yesterday's gazelle
meows in my embrace
in the warm place clad in salt.
Cedar blooms
that are not the scented table / lathe-turned chair.

The butterfly that knows darkened skies
becomes fish so it can love fish:
they love the fish transfigured
by candlelight.

These are the songs I sing
in darkness. Others will be
the songs of light in my daughter's voice.
She will not know the beautiful drowned
supporting the island's marine platform.
She will look for another explanation
as true as this one / as descriptively useless.

Signs of transformation

agua en canasta es nuestro conocimiento:
escurre por los entresijos de la paja
y vuelve al sitio mineral.

Son las canciones que canto en la oscuridad
para nombrar al hombre
su vanidad espejeando /
sus tres metros de más.
La poesía también nos viste de diosecillos /
totems.

Guardo el poema. Al poeta
lo acuno junto a los hermosos ahogados
para calmar su llanto infantil
su soledad, sus terrenales miedos.

II

En la tierra que tiembla   desvalidos
no lo somos más que en las arenas.
Yo viví ese temblor. Vi los bañistas
apresurarse a nada /
a otro metro de arena temblorosa.

Vi salir a los hermosos ahogados
confundirse en el diálogo de la misma raza
esperar el fin del temblor

water in a basket is our knowledge:
it leaks out between wicker strands
and returns to the mineral place.

These are the songs I sing in darkness
to name humans
their glistening vanity /
three meters tall.
Poetry too dresses us as little gods /
totems.

I keep the poem. I cradle the poet
beside the beautiful drowned
to calm her infantile cry
her loneliness, her earthly fears.

II

On the trembling earth   we are only
defenseless if on sand.
I lived that quake. I saw the swimmers
rushing toward nothing /
another meter from trembling sand.

I saw the beautiful drowned emerge
confuse themselves in the dialogue with identical race
wait for the quake's end

bajo las mismas estrellas.

La tierra toda de las islas
echaba a nadar hacia otro sitio.
Yo viví ese temblor. Sobreviví con todos.
Espero los regresos: la brújula imantada
no sirve de consuelo
y espero los regresos.

Todos y yo y los hermosos ahogados
corriendo desde adentro al próximo temblor.

III

Isla mía / no quiero hablar de isla
y soy isla otras veces repetida
todas las islas todas
debajo y encima de las aguas/
pueblo de isla cuyo destino es agua/
limpio destino es agua/
leve más que la tierra leve
que sobre ella es tierra para todo destino.
He puesto sueños
allí donde el sueño de agua acuna desde siglos
los hermosos ahogados/
las historias todas/
las historias de los pueblos de isla.

beneath the same stars.

All the earth of islands
began to swim toward another place.
I lived that quake. Survived with all the others.
I await the returns: the magnetized compass
offers no solace
and I await the returns.

Everyone and me and the beautiful drowned
running from within to the next quake.

III

My island / I do not want to speak of island
and I am island once again repeated
all the islands all
beneath and above the waters/
island people whose destiny is water/
clear destiny is water/
milder than slight earth
with earth for every destiny.
I have placed dreams
where for centuries the dream of water rocks
the beautiful drowned/
all the stories/
stories of the island peoples.

En los sueños soy una/
cantando las canciones de la oscuridad
que fosforecen bajo el agua
con otra claridad:
distinta la siempre luz bajo las aguas.

In the dreams I am unique/
singing the songs of darkness
glowing under the water
with another clarity:
light always something else beneath the waters.

La poeta
Teresa Melo Rodríguez

Nació en Santiago de Cuba en 1961. Se graduó de la Universidad de La Habana con título en Filosofía. Es poeta. Actualmente es también miembro del Consejo de readacción de la revista SiC de la Editorial Oriente, de *La Jiribilla de Papel*, y de la Unión de Escritores y Artistas de Cuba (UNEAC). Es la Coordinadora del Encuentro de Poetas del Caribe y el Mundo del Festival de Caribe de Santiago de Cuba, creyó el proyecto Casa Cultural en su comunidad con una biblioteca de préstamos gratuitos, y trabaja como gestora de proyectos culturales en la Fundación Caguayo.

Teresa Melo ha publicado: *Libro de Estefanía* (Eds. Caserón, 1990), *El vino del error* (Eds. Unión, 1998), *Yo no quería ser reina* (Eds. Santiago, 2001); *El mundo de Daniela* –poesía para niños (Centro de Ediciones de Málaga, España, 2002; 2da edición Eds. Cauce, Pinar del Río, 2006); *Las altas horas* (Ed. Letras Cubanas, 2003; 2da edición Eds. Espiral Maior, Galicia, 2008); *Soy de un país que se llama Mundo* (Hapdaphai Arte Martinica-Eds. Santiago, 2008); *La sombra protectora* (Ed. Oriente, 2014) y *Postales (des sens)* (Eds. Matanzas, 2014).

Entre sus premios están el Jacques Roumain 1987, (Casa del Caribe, Santiago de Cuba); Mención Julián del Casal 1987 (La Habana, UNEAC); Premio Día de la Cultura Cubana 1987; Mención David 1988 (La Habana, UNEAC); Premio de la Crítica 1999 por *El vino del error*; Premio-Beca Dador 2000 del Instituto Cubano del Libro por el proyecto de poesía "Las altas horas", Premio Nacional Nicolás Guillén 2003 y Premio de la Crítica 2004, con el libro *Las altas horas*; Premio Integral La Rosa Blanca de la UNEAC 2004, por el libro *El mundo de Daniela*. Recibió la Distinción por la Cultura Nacional en el 2002, la Placa Heredia 2003, y el Sello XX Aniversario de la Asociación Hermanos Saíz de la cual es Miembro de Honor.

Ha sido invitada a ferias y eventos internacionales en Bolivia, México, Panamá, Republica Dominicana, Honduras, Venezuela, Martinica, Costa Rica, Brasil y Perú, entre otros.

The Poet

Teresa Melo Rodríguez

Born in Santiago de Cuba in 1961. She graduated from the University of Havana with a degree in Philosophy. She is a poet. She is also a staff writer for Editorial Oriente's magazine SiC and *La Jiribilla de Papel*, and a member of Cuba's Union of Writers and Artists (UNEAC). She is the coordinator of the Gathering of Poets of the Caribbean and the World of Santiago's Caribbean Festival. She created the Casa Cultural Project in her community, with its free lending library, and develops cultural projects at the Caguayo Foundation.

Teresa Melo has published: *Libro de Estefanía* (Caserón Editions, 1990), *El vino del error* (Editorial Unión, 1998), *Yo no quería ser reina* (Editions Santiago, 2001); *El mundo de Daniela* –poetry for children (Centro de Ediciones de Málaga, Spain, 2002; second edition Ediciones Cauce, Pinar del Río, 2006); *Las altas horas* (Letras Cubanas, 2003; second edition Editions Espiral Maior, Galicia, 2008); *Soy de un país que se llama Mundo* (Hapdaphai Arte Martinica-Editions Santiago, 2008); *La sombra protectora* (Editorial Oriente, 2014) and *Postales (des sens)* (Ediciones Matanzas, 2014).

Among the awards her work has won are the Jacques Roumain Prize 1987, a mention in the UNEAC's Julián del Casal contest the same year; the Day of Cuban Culture Prize also in 1987; a mention in the David Prize 1988; the Critic's Prize 1999 for her book *El vino del error*; the Dador Prize scholarship 2000 from the Cuban Book Institute for her poetry project *The Late Hours*; the National Nicolás Guillén Prize 2003; and the Critic's Prize 2004. In this last year she also won the UNEAC's La Rosa Blanca prize for her book *El mundo de Daniela*. In 2002 she received a Distinction in National Culture, in 2003 the Placa Heredia award and the XX Anniversary stamp from the Hermanos Saíz Association of which she is an honorary member.

She has been invited to book fairs and international cultural events in Bolivia, Mexico, Panama, the Dominican Republic, Honduras, Venezuela, Martinique, Costa Rica, Brazil and Peru, among other countries.

La traductora
Margaret Randall

Poeta y traductora, vivió en Cuba por once años en la década de los 1970. Ha traducido mucha poesía cubana, incluídos libros de Roberto Fernández Retamar, Laura Ruiz Montes, Alfredo Zaldívar, Chely Lima, Yanira Marimón, Reynaldo García Blanco e Israel Domínguez. En 2016 Duke University Press publicó su antología bilingüe *Only the Road / Solo el camino*. Randall vive en Albuquerque, New Mexico.

The Translator

Margaret Randall

Poet and translator, lived in Cuba for eleven years in the 1970s. She has translated a great deal of Cuban poetry, including books by Roberto Fernández Retamar, Laura Ruiz Montes, Alfredo Zaldívar, Chely Lima, Yanira Marimón, Reynaldo García Blanco and Israel Domínguez. In 2016 Duke University Press released her bilingual anthology, *Only the Road / Solo el camino: eight decades of Cuban Poetry.* Randall lives in Albuquerque, New Mexico.

www.ingramcontent.com/pod-product-compliance
Lightning Source LLC
LaVergne TN
LVHW051009080826
845145LV00009B/2540